BEI GRIN MACHT SICH IHR WISSEN BEZAHLT

AF136218

- Wir veröffentlichen Ihre Hausarbeit,
  Bachelor- und Masterarbeit

- Ihr eigenes eBook und Buch -
  weltweit in allen wichtigen Shops

- Verdienen Sie an jedem Verkauf

Jetzt bei www.GRIN.com hochladen und kostenlos publizieren

Thomas Gräfe

Anti-Antisemitismus auf dem Prüfstand

Neue Studien über das Verhältnis von Sozialismus und Liberalismus zu Antisemitismus und Judentum

GRIN Verlag

Bibliografische Information der Deutschen Nationalbibliothek:

Die Deutsche Bibliothek verzeichnet diese Publikation in der Deutschen National-
bibliografie; detaillierte bibliografische Daten sind im Internet über http://dnb.d-
nb.de/ abrufbar.

Impressum:

Copyright © 2008 GRIN Verlag GmbH
Druck und Bindung: Books on Demand GmbH, Norderstedt Germany
ISBN: 978-3-640-90355-9

Dieses Buch bei GRIN:

http://www.grin.com/de/e-book/116691/anti-antisemitismus-auf-dem-pruefstand

Thomas Gräfe

Anti- Antisemitismus auf dem Prüfstand
Neue Studien über das Verhältnis von Sozialismus und Liberalismus zu Antisemitismus
und Judentum

Anmerkungen zu: Lars Fischer, The Socialist Response to Antisemitism in Imperial Germany, Cambridge 2007 und Auguste
Zeiß- Horbach, Der Verein zur Abwehr des Antisemitismus. Zum Verhältnis von Protestantismus und Judentum im
Kaiserreich und in der Weimarer Republik, Leipzig 2008.

Nach der Etablierung des modernen Antisemitismus auf dem politischen Massenmarkt,
setzten – mit leichter Verzögerung – in den 1890er Jahren auch zivilgesellschaftliche
Bemühungen um seine Abwehr ein. Seit der nationalsozialistischen Machtergreifung ist die
Abwehr des Antisemitismus in Deutschland mit dem Nimbus des Scheiterns behaftet und
wird daher von der Geschichtsschreibung nach 1945 naturgemäß kritischer beurteilt als von
den Zeitgenossen selbst. Der Umgang mit dieser perspektivischen Verzerrung ist allerdings
sehr unterschiedlich. Einige Historiker nutzen sie zu moralisierenden ex- post- Urteilen, die
die Grenzen zwischen Antisemiten und Anti- Antisemiten verschwimmen lassen. Andere
behalten die grundsätzliche Unterscheidung zwischen Antisemiten und Anti- Antisemiten bei,
nutzen aber die feineren Sensoren der Nach- Holocaust- Perspektive, um Ambivalenzen und
Widersprüchlichkeiten in den Argumentationsweisen der Gegner des Antisemitismus zu
entdecken, die ihre Position gegenüber dem Antisemitismus schwächten. Dies beginnt bereits
bei begriffsgeschichtlichen Fragen. Die Wahl von "Philosemitismus" als Antonym zu
Antisemitismus ist gleich in dreifacher Hinsicht problematisch. Erstens handelt es sich um
eine Prägung der Antisemiten, die darunter eine unkritische Verteidigung der Juden aus
unbedingter Sympathie verstanden. Dies zielte nicht nur auf eine Denunziation der Gegner
des Antisemitismus ab, sondern verdunkelte ihre tatsächliche Motivlage, die allzu häufig eine
Solidarisierung mit den angegriffenen Juden gerade nicht beinhaltete. Zweitens bezeichnet
Philosemitismus aus religionsgeschichtlicher Perspektive eine positive Einstellung zum
jüdischen Erbe innerhalb des Christentums. Dieser eingeschränkte Begriffsgebrauch erfasst
nur die bürgerlich- kulturprotestantischen Gegner des Antisemitismus, nicht hingegen das
sozialistische Lager, in dem religiöse Einstellungen keine Rolle spielten. Drittens geht der
Philosemitismusbegriff ausschließlich von einer Haltung der Nichtjuden gegenüber den Juden
aus und ignoriert, dass in der gesellschaftlichen Praxis Juden und Nichtjuden bei der Abwehr
des Antisemitismus interagierten, auch wenn man nur in Einzelfällen von einer gelungenen

1

Kooperation ausgehen kann.[1] Aus diesen Gründen soll hier von Anti- Antisemitismus oder Abwehr des Antisemitismus gesprochen werden. Philosemitismus findet dagegen nur als Quellenbegriff Verwendung, dessen hochproblematischer Gebrauch durch die Zeitgenossen stets mitzudenken ist.

Ein Blick in die Historiographiegeschichte zeigt, dass sich die Beurteilung der Abwehr des Antisemitismus durch jüdische Selbstorganisation einerseits und durch überwiegend nichtjüdische Organisationen andererseits auseinander entwickelt hat. Nach dem Zweitem Weltkrieg kritisierten zionistische Historiker die jüdische Selbstorganisation in Deutschland seit den 1890er Jahren als zu zögerlich, zu assimilationsorientiert und zu erfolglos im Kampf gegen den Antisemitismus.[2] Heute erscheint vor allem die These von der bedingungslosen Assimilation nicht mehr haltbar. Auch der C.V. war um die Stärkung jüdischer Identität bemüht und blieb nicht auf der Stufe einer reinen Abwehrorganisation stehen. Die Ideologie vom "deutschen Staatsbürger jüdischen Glaubens" war aus der damaligen Perspektive weder zum Scheitern verurteilt, noch mit einer kulturell- religiösen Selbstverleugnung verbunden. Ebenso hat die Rechtsschutzarbeit des C.V. in jüngsten Studien eine positive Neubewertung erfahren.[3] Der nichtjüdischen Abwehr des Antisemitismus hat die Forschung dagegen in drei Etappen ein zunehmend schlechteres Zeugnis ausgestellt: Zunächst ging man von einer klaren Frontstellung zwischen Antisemitismus und Anti- Antisemitismus aus. Linksliberale und Sozialdemokraten seien gegenüber antisemitischem Gedankengut immun gewesen. Zumeist wurde dies allerdings nur indirekt aus der Tatsache abgeleitet, dass antisemitische Organisationen Liberalismus und Sozialismus bekämpften und sie als "jüdische Erfindungen" abqualifizierten. Seit den 1970er Jahren ist diese klare Frontstellung immer mehr in Zweifel gezogen worden. Der Gegnerschaft zum Antisemitismus lagen weniger hehre Überzeugungen zugrunde, als vielmehr ideologische, politische und taktische Erwägungen, während man bemüht war, jeden Anschein von Philosemitismus zu vermeiden. Einzelne judenfeindliche Stereotype waren ganz offensichtlich auch auf der linken Seite des politischen Spektrums verbreitet. Mittlerweile sind einige jüngere Historiker gar dazu übergegangen, von einer

---

[1] Vgl. Michael Brenner, "Gott schütze uns vor unseren Freunden". Zur Ambivalenz des Philosemitismus im Kaiserreich, in: JfA 2 (1993), S. 174-199; Ders., Philosemitismus, in: RGG 6 (2003), Sp. 1289f.
[2] Vgl. Ismar Schorsch, Jewish Reactions to German Anti- Semitism 1870- 1914, New York 1972; Jehuda Reinharz, Fatherland or Promised Land. The Dilemma of the German Jew 1893- 1914, Ann Arbor 1975.
[3] Gegen die These der Passivität: Jacob Borut, The Rise of Jewish Defence Agitation in Germany 1890- 1895. A pre- history of the C.V.? in: LBIYB 36 (1991), S. 59-96. Gegen die These der Selbstverleugnung: Evyatar Friesel, From self-defense to self-affirmation. The transformation of the German- Jewish Centralverein, in: Hoffmann/ Jeggle/ Johler (Hg.), Die kulturelle Seite des Antisemitismus, S. 277-290. Gegen die These der Erfolglosigkeit: Inabel Steinitz, Der Kampf jüdischer Anwälte gegen den Antisemitismus. Die strafrechtliche Rechtsschutzarbeit des Centralvereins deutscher Staatsbürger jüdischen Glaubens, Berlin 2008.

gesellschaftlichen Isolation des Judentums auszugehen. Antisemiten und Anti- Antisemiten hätten eine gesamtgesellschaftliche judenfeindliche Mentalität geteilt und aus ihr lediglich unterschiedliche Schlüsse gezogen.[4]

Ein wichtiger Grund für die Neigung zu immer kritischeren Bewertungen ist in der Erweiterung des Gegenstandsbereichs der Antisemitismusforschung zu sehen. In der heutigen Forschung wird Antisemitismus nicht mehr ausschließlich als Ideologie oder politische Bewegung, sondern als gesellschaftliches Phänomen aufgefasst. Der enge Fokus auf Parteiantisemitismus, völkische Bewegung und Nationalsozialismus ist der Untersuchung judenfeindlicher Stereotype in gesellschaftlichen Gruppen, Parteien, Vereinen, Verbänden, Kirchen usw. gewichen. So ist man auch dort fündig geworden, wo man Antisemitismus nicht vermutete, z.B. in der deutschen Frauenbewegung.[5] Der spektakulärste Fall eines Paradigmenwechsels hat sich jedoch in der Historiographie zum katholischen Sozialmilieu abgespielt. In der von Olaf Blaschke und Urs Altermatt angestoßenen Debatte geht es mittlerweile nicht mehr um eine katholische Abwehrhaltung oder Immunität gegenüber dem modernen Antisemitismus, sondern um die Frage, in welchem Ausmaß das katholische Milieu selbst antisemitisch geprägt war.[6]

Auch die SPD, deren Anti- Antisemitismus man noch bis in die 1970er Jahre für eine absolute Selbstverständlichkeit hielt[7], ist in den letzten 30 Jahren immer wieder historisch- kritisch unter die Lupe genommen worden. Spätestens seit den Arbeiten von Rosmarie Leuschen-Seppel (zu Deutschland) und Robert Wistrich (zu Österreich- Ungarn) kann man der Sozialdemokratie zumindest für die Zeit vor dem Ersten Weltkrieg keine blütenweiße Weste mehr bescheinigen. Zwar bekämpfte die Partei den politischen Antisemitismus, war aber im Inneren alles andere als vorurteilsfrei. Judenfeindliche Stereotype traten vor allem im Zusammenhang mit innerparteilichen Flügelkämpfen und der Frontstellung zu Kapitalismus und bürgerlichem Liberalismus auf. In der Ausbreitung des modernen Antisemitismus in Politik und Gesellschaft erkannten die Genossen zunächst keine ernsthafte Bedrohung. Aus der Perspektive des historischen Materialismus und revolutionären Attentismus ließ sich der Antisemitismus leicht als Übergangserscheinung abtun. In der sozialistischen

---

[4] Als Überblick: Christoph Nonn, Antisemitismus, Darmstadt 2008, S. 58-66.
[5] Vgl. Heidemarie Wawrzyn, Vaterland statt Menschenrecht. Formen der Judenfeindschaft in den Frauenbewegungen des Deutschen Kaiserreichs, Marburg 1999; Susanne Omran, Frauenbewegung und "Judenfrage". Diskurse um Rasse und Geschlecht nach 1900, Frankfurt a.M. 2000; Stefanie Braukmann, Die "jüdische Frage" in der sozialistischen Frauenbewegung 1890- 1914, Frankfurt a.M. 2007.
[6] Vgl. Olaf Blaschke, Katholizismus und Antisemitismus im deutschen Kaiserreich, Göttingen 1997; Urs Altermatt, Katholizismus und Antisemitismus. Mentalitäten, Kontinuitäten, Ambivalenzen. Zur Kulturgeschichte der Schweiz 1918- 1945, Wien 1999; Gisela Fleckenstein/ Christian Schmidtmann, Katholischer Antisemitismus im internationalen Vergleich, in: ZfG 49 (2001), S. 244-247.
[7] Vgl. z.B. Shulamit Volkov, The Immunization of Social Democracy against Anti-Semitism in Imperial Germany, in: Grab (Hg.), Juden und jüdische Aspekte in der deutschen Arbeiterbewegung, S. 63-83.

Zukunftsgesellschaft werde sowohl die Sonderexistenz des Judentums als auch die Judenfeindlichkeit verschwinden. Kurzfristig könne man sogar von der antikapitalistischen Rhetorik der Antisemiten profitieren, da sie bislang unzugängliche gesellschaftliche Gruppen für sozialistische Ideen vorbereite. Im Vielvölkerstaat Österreich- Ungarn entfaltete zudem noch die komplexe Gemengelage von Klasse und Ethnizität eine entimmunisierende Wirkung. Insgesamt sei die Haltung der Sozialdemokraten in der "Judenfrage" als ambivalent zu bezeichnen, da trotz einer klaren Ablehnung des bürgerlichen und kleinbürgerlichen Antisemitismus eigene judenfeindliche Vorurteile bestehen blieben.[8]

Eine neue Studie von Lars Fischer zum Verhältnis von Sozialdemokratie und Antisemitismus im Deutschen Kaiserreich stellt nun diesen Forschungskonsens in Frage. Fischer behauptet, die SPD habe selbst in ihrer Bekämpfung des Antisemitismus antisemitische Grundannahmen geteilt und kommt zu dem Schluss:

"Social democrats thus helped maintain and extend an increasingly universal consensus throughout German society that a significant ‚Jewish Question' existed and they generally shared in the dream of a future without Jews. (…) To the extent that Social Democrats shared this dream they also share the responsibility for rendering German society susceptible to Nazi anti-Semitism and preparing the ideological seedbed from which the Shoa could grow."[9]

Das sind schwere Vorwürfe, deren Berechtigung sich eigentlich nur mit neuen Quellenfunden oder einer fundamentalen Reinterpretation des bekannten Quellenmaterials untermauern lässt. Größtenteils arbeitet der Autor jedoch mit bekannten Quellen, die er zumeist aus der alten Überblicksdarstellung von Edmund Silberner entnommen hat.[10] Fischers spektakuläre Hauptthesen stützen sich somit ganz wesentlich auf eine neue Hermeneutik, die mit hohen kritischen und moralischen Ansprüchen daherkommt und vielleicht gerade deshalb häufig in konstruierte, unhistorische und schlichtweg ungerechte Schlussfolgerungen mündet.

Fischers Anklageschrift gegen die kaiserzeitliche SPD beginnt mit einem Kapitel über den "Antiphilosemitismus" des Parteihistorikers Franz Mehring (1846- 1919). Mehring bestand darauf, Antisemitismus und Philosemitismus gleichermaßen zu kritisieren. In der Verteidigung der Juden durch bürgerliche Politiker und Intellektuelle, wie z.B. im Rahmen

---

[8] Vgl. Rosemarie Leuschen- Seppel, Sozialdemokratie und Antisemitismus im Kaiserreich. Die Auseinandersetzungen der Partei mit den konservativen und völkischen Strömungen des Antisemitismus 1871-1914, Bonn 1978; Robert Wistrich, Socialism and the Jews. The Dilemmas of Assimilation in Germany and Austria- Hungary, London 1982.
[9] Fischer, The Socialist Response, S. 228.
[10] Vgl. Edmund Silberner, Sozialisten zur Judenfrage. Ein Beitrag zur Geschichte des Sozialismus vom Anfang des 19. Jahrhunderts bis 1914, Berlin 1962, S. 198-230.

des Vereins zur Abwehr des Antisemitismus, sah er eine Schutzmaßnahme zugunsten jüdischer Kapitalisten und somit des Kapitalismus insgesamt. Daher müsse sich die SPD vom betonten Philosemitismus fernhalten. Mehrings Antiphilosemitismus ist auch von der älteren Forschung breit behandelt worden. Fischer unterscheidet sich nur von ihr, indem er Mehrings Position als Parteikonsens verkauft. Als Beleg führt er allerdings nur eine Buchrezension Eduard Bernsteins an, die sich – bei aller auch hier gegebenen Philosemitismuskritik – explizit *gegen* Mehring und *gegen* den Antisemitismus wendet.[11] Kaum origineller ist Fischers Untersuchung von Karl Marx' *Zur Judenfrage* (1844) und der Rezeption dieses Texts in der SPD. Fischers These hierzu ist so deutlich wie eindimensional: Marx habe in diesem Essay gar nicht die Juden oder das Judentum angegriffen, sondern philosophische Betrachtungen zu Kapitalismuskritik und gesellschaftlicher Emanzipation angestellt, für die die Bauer- Kontroverse um die "Judenfrage" nur der Aufhänger gewesen sei. SPD- Politiker, einmal mehr irregeführt durch den ominösen Franz Mehring, hätten Marx' Intention missverstanden und die vermeintliche Identifikation von Kapitalismus und Judentum übernommen, weil sie angeblich mit ihren bereits existenten Vorurteilen übereinstimmte.

"*Zur Judenfrage* could be, and was, utilised to accommodate and legitimise already prevalent, conventional forms of anti-Jewish stereotyping that fell short of a genuine critique of capitalism along Marxist lines."[12]

In den beiden Kapiteln über *Zur Judenfrage* ist Fischer gezwungen, eine Höchstleistung an akrobatischer Hermeneutik darzubieten, um den sozialistischen Säulenheiligen Karl Marx zu entlasten und die Mainstream- Sozialdemokraten um August Bebel (1840- 1913) zu belasten. Marx darf das Judentum als "antisoziales Element" bezeichnen, das sich auf Eigennutz, Schacher und Geldgier gründe.[13] Und dennoch wird er von aller Judenfeindlichkeit freigesprochen. Wenn er überhaupt Judenfeind war, dann als Hegelianer, nicht als Marxist. Währenddessen wird auf der Seite der SPD jede Kritik am bürgerlichen Philosemitismus und jedes Zugestehen einer Teilberechtigung von Diskursen über eine "Judenfrage" messerscharf seziert und in die Nähe des Antisemitismus gerückt.[14] Zweifelsohne, es gab judenfeindliche Einstellungen innerhalb der SPD, insbesondere was die hinlänglich bekannten

---

[11] Vgl. Fischer, The Socialist Response, S. 21-36.
[12] Ebd., S. 43.
[13] Karl Marx, Zur Judenfrage (1844), in: in: MEW, Bd.1, Berlin 1976, S. 347-377.
[14] Vgl. Fischer, The Socialist Response, S. 37-102.

sozioökonomischen Judenstereotype betrifft (Schacher, Wucher, Börse etc.).[15] Denen widmet sich Fischer aber nur beiläufig. Stattdessen bietet der Autor eine ellenlange Auswalzung des "Falls Hans Leuß". Hans Leuß (1861- 1920) war ein antisemitischer Reichstagsabgeordneter. Er wurde 1894 wegen Meineids verurteilt und schied aus der Politik aus. Franz Mehring (- einmal mehr -) holte Leuß in die Parteipresse und protegierte ihn. Dass Leuß ein Ex-Parteiantisemit war und sich bis 1919 nicht deutlich von dieser Gesinnung distanzierte, erregte in der SPD keinerlei Anstoß. Zwar bemühte sich die Reichstagsfraktion seit 1899 wiederholt darum, Leuß aus dem Parteiumfeld zu entfernen. Das war jedoch ein Resultat von Flügelkämpfen und persönlichen Rivalitäten, nicht aber von Leuß' Antisemitismus. Was ist mit dem "Fall Leuß" nun bewiesen oder widerlegt? Die SPD duldete zeitweilig einen Ex-Antisemiten in ihrem journalistischen Umfeld, der sich im Zusammenhang mit seiner Tätigkeit für sozialdemokratische Zeitungen niemals über Antisemitismus und "Judenfrage" äußerte. Soll das ein stichhaltiger Beleg für heimliche antisemitische Neigungen innerhalb der SPD sein? Insbesondere mit Blick auf Fischers spektakuläre Hauptthesen muss hier das Vetorecht der Quellen eingefordert werden. Die Quellen geben Fischer nur dann Recht, wenn man ihnen mit einer Hermeneutik des Verdachts begegnet. Denn im Zusammenhang mit dem "Fall Leuß" gab es keine Stellungnahmen zur "Judenfrage", keinen Antisemitismus, keine judenfeindlichen Vorurteile und keine Mehringsche Philosemitismuskritik. Es ist allein die Präsenz eines Ex- Parteiantisemiten im Umfeld der SPD, die Fischer zum Anlass nimmt, den Anti- Antisemitismus der Partei insgesamt anzuzweifeln. Offenbar hat ihm niemand erzählt, dass es in manchen Wahlkreisen eine muntere Wählerwanderung zwischen der SPD und den Antisemitenparteien (und umgekehrt) gab. In einigen wenigen Fällen optierte die SPD in Stichwahlen sogar ausdrücklich für die Wahl des Antisemiten, wenn ihr eigener Kandidat im ersten Wahlgang ausgeschieden war und die Stimmabgabe für den Antisemiten versprach, einen bürgerlichen Kandidaten zu Fall zu bringen.[16] Wäre das nicht ein sinnvollerer Ansatzpunkt für die Forschung gewesen als die "Leußsche Luftnummer"? Angesichts seiner Behandlung des "Falls Leuß" fragt man sich allerdings besorgt, was Fischer aus diesen wahltaktischen Manövern der SPD abgeleitet hätte, wären sie ihm bekannt gewesen.

Schließlich widmet sich Fischer zwei bedeutenden Repräsentanten der Parteiflügel. Wilhelm

---

[15] Vgl. Hans- Gerd Henke, Der "Jude" als Kollektivsymbol in der deutschen Sozialdemokratie 1890- 1914, Mainz 1994; Braukmann, Die "jüdische Frage" in der sozialistischen Frauenbewegung, S. 139-215. Braukmann weist überzeugend nach, dass die Sozialdemokraten im Unterschied zu den Antisemiten die sozioökonomischen Judenstereotype nicht personifizierend, sondern metaphorisch gebrauchten. Fraglich ist nur, ob den Zeitgenossen diese Nuance auch bewusst war.

[16] Vgl. Peter Straßheim, Die Reichstagswahlen im 1. Kurhessischen Reichstagswahlkreis Rinteln- Hofgeismar-Wolfhagen von 1866 bis 1914. Eine Wahlanalyse, Frankfurt a.M. 2001, S. 161ff; Stefan Scheil, Die Entwicklung des politischen Antisemitismus in Deutschland zwischen 1881 und 1912. Eine wahlgeschichtliche Untersuchung, Berlin 1999, S. 137.

Liebknecht (1826- 1900) als Vertreter des marxistischen Traditionalismus und Eduard Bernstein (1850- 1932) als Vertreter des Revisionismus. Ziel des Autors ist es, zu demonstrieren, dass Einstellungen zu Antisemitismus, Anti- Antisemitismus und Philosemitismus nicht von der Verortung auf den Parteiflügeln abhängig waren. Sie hätten sich vielmehr aus einer judenfeindlichen Unterströmung ergeben, die in der Partei insgesamt vorgeherrscht habe. Einmal mehr beruht diese Einschätzung darauf, dass Einzelbefunde aufgebauscht und überinterpretiert werden, wie z.B. Liebknechts befremdliche Auslassungen zur Dreyfusaffäre. Er ging nicht nur von der Schuld des jüdischen Hauptmanns aus, sondern behauptete, die Sympathiebewegung für Dreyfus innerhalb der europäischen Linken drohe zu einer Deckung für die Machenschaften jüdischer Kapitalisten zu werden.[17] Erstens entsprach dies nicht der Haltung der Partei in der Dreyfusaffäre, zumal Liebknecht seine Ansichten in einer bürgerlichen Zeitschrift (*Die Fackel*, herausgegeben von Karl Kraus) veröffentlichen ließ. Zweitens ist auch im Fall Liebknechts einmal mehr die antikapitalistische Parteiideologie das Problem und nicht eine vermeintlich vorgängige antisemitische Mentalität. Die Befürchtung, mit einer Parteinahme zugunsten der Juden eine gesellschaftliche Gruppe zu schützen, die gemessen an ihrer Sozialstruktur eigentlich ins Lager des Klassenfeindes gehöre, bereitete vielen SPD- Politikern Kopfschmerzen. Dass aus einer solchen Ambivalenz ein Abgleiten in einen handfesten Judenhass möglich war, zeigt eine anonyme Broschüre aus der Feder Wilhelm Hasenclevers.[18] Weitere Quellen dieser Art hat Fischer allerdings nicht ausfindig machen können. So muss er sich auch was den revisionistischen Flügel der SPD anbelangt damit begnügen, die Goldwaage möglichst streng zu justieren. Eduard Bernstein, der selbst jüdischer Herkunft war, hält er vor, den Antiphilosemitismus Franz Mehrings nur abgeschwächt zu haben, ein Buch von Johannes Menzinger (1863- 1934) empfohlen zu haben, das Vorurteile gegenüber Juden bestätigt, und sich abfällig über sozialistische Juden in Russland geäußert zu haben, die er für zu radikal hielt.[19] Als Belege für das Vorherrschen einer antisemitischen Mentalität in einer Massenpartei wie der SPD genügt das Aufsummieren solcher Fallbeispiele nicht, in denen es zudem noch um ideologische und persönliche Ränkespiele von Spitzengenossen ging und nicht um explizite Positionierungen zu Judentum und Antisemitismus. Überhaupt scheint sich Fischer für die Haltung der Parteibasis gar nicht zu interessieren. Alles wird an den prominenten Parteigrößen von Adler bis Zetkin

---

[17] Vgl. Fischer, The Socialist Response, S. 149-172.
[18] Zu dieser Quelle: Shlomo Na' aman, Social Democracy on the ambiguous ground between antipathy and antisemitism. The example of Wilhelm Hasenclever, in: LBIYB 36 (1991), S. 229-240.
[19] Vgl. Fischer, The Socialist Response, S. 173-212.

festgemacht. Eine systematische Analyse der Parteipresse, von Vigilanzberichten[20], Versammlungsprotokollen oder Wahlkämpfen findet nicht statt. Die Aussparung dieser sozialgeschichtlichen Quellen ermöglicht es Fischer, manchen Fakten, die Zweifel an seinem vernichtenden Urteil über die Haltung der SPD gegenüber dem Antisemitismus aufkommen lassen könnten, von vornherein aus dem Weg zu gehen. Selbst in den ländlichen Hochburgen der Antisemitenparteien traten Sozialdemokraten als Gegenredner in antisemitischen Versammlungen in Erscheinung (teils auf Bitten jüdischer Gemeinden!), oder sie störten solche Veranstaltungen, um ihre Auflösung oder gar Majorisierung (wie im Fall von Stoeckers Eiskellerversammlung 1878) herbeizuführen.[21] Das verstärkte Bemühen der SPD um Landarbeiter und Angestellte führte die Partei in eine direkte Konkurrenz zu konservativen Interessengruppen und deren antisemitischer Ideologie. Somit war die Hoffnung, den antikapitalistischen Impetus des Antisemitismus für die eigene Sache zu nutzen, kein zynisches Kalkül, sondern eine durchaus realistische anti- antisemitische (wenn auch nicht projüdische!) Argumentationsstrategie für die politische Alltagsarbeit. Exemplarisch lässt sich das an den Debatten um Wuchergesetzgebung und Warenhaussteuer verfolgen.[22] Die zeitgenössischen Juden gaben offenbar mehr auf die allgemeinemanzipatorische Ausrichtung der SPD als auf das peinliche Lavieren der Parteispitze zwischen Anti- Antisemitismus und Philosemitismuskritik. Anders lässt sich die zunehmende Attraktivität der SPD für jüdische Wähler und Politiker seit den 1890er Jahren nicht erklären. Zwischen 1893 und 1912 wurden für die Sozialdemokraten 17 Abgeordnete jüdischer Herkunft in den Reichstag gewählt, alle anderen Parteien zusammengenommen brachten es nur auf 9.[23] Von alledem erfährt der Leser in Fischers Buch kein Wort.

Das eigentliche Problem in Fischers Arbeit ist jedoch nicht die Einseitigkeit der Quellenauswahl für die Fallstudien, sondern die Anwendung einer unhistorischen Hermeneutik. Als einzige Möglichkeit eines moralisch einwandfreien Anti- Antisemitismus

---

[20] Vgl. Richard Evans, Kneipengespräche im Kaiserreich. Die Stimmungsberichte der Hamburger Politischen Polizei 1892- 1914, Reinbek 1989, S. 302-321; Armin Owzar, "Reden ist Silber, Schweigen ist Gold". Konfliktmanagement im Alltag des wilhelminischen Obrigkeitsstaats, Konstanz 2006, S. 163-186.
[21] Leuschen- Seppel, Sozialdemokratie und Antisemitismus, S. 88, 106; David Peal, Anti- Semitism and Rural Transformation in Kurhessen. The Rise and Fall of the Böckel- Movement, New York 1985, S. 153; Ulrich Baumann, Zerstörte Nachbarschaften. Christen und Juden in badischen Landgemeinden 1862- 1940, Hamburg 2000, S. 150f.
[22] Vgl. Martin H. Geyer, Die Sprache des Rechts, die Sprache des Antisemitismus: "Wucher" und soziale Ordnungsvorstellungen im Kaiserreich und der Weimarer Republik, in: Dipper/ Klinkhammer/ Nützenadel (Hg.), Europäische Sozialgeschichte, S. 413-429; Gudrun M. König, Faszination und Feindschaft. Zur Warenhausgeschichte vor 1933, in: Hoffmann/ Jeggle/ Johler (Hg.), Die kulturelle Seite des Antisemitismus, S. 81-104.
[23] Vgl. Jacob Toury, Die politische Orientierung der Juden in Deutschland. Von Jena bis Weimar, Tübingen 1966, S. 159-169, 275, 325; Ernest Hamburger, Juden im öffentlichen Leben Deutschlands. Regierungsmitglieder, Beamte und Parlamentarier in der monarchischen Zeit 1848- 1918, Tübingen 1968, S. 145-152, 399-540.

lässt er das kategorische Bestreiten der Existenz einer "Judenfrage" und die komplette Abwesenheit von Judenstereotypen gelten. Diese Haltung habe von den SPD- Größen ausschließlich Rosa Luxemburg (1870- 1919) eingenommen.[24] Der Verweis auf eine eher beiläufige Äußerung Luxemburgs ist jedoch nur ein Feigenblatt, um zu verdecken, dass in Fischers Studie die moralische Messlatte einer Nach- Holocaust- Perspektive unreflektiert an die Verhältnisse der Jahrhundertwende angelegt wird. Nur so kann der Autor zu der irreführenden Ansicht gelangen, Antisemiten und Anti- Antisemiten hätten viele Grundannahmen in der "Judenfrage" geteilt und seien lediglich in Bezug auf die Lösungswege nicht einer Meinung gewesen.[25] Zudem verwischt Fischer den Unterschied zwischen antisemitischen Stereotypen und Antisemitismus als Ideologie. Dies ermöglicht ihm, Quellentexte mit einer eindeutig anti- antisemitischen Intention in die Nähe des Antisemitismus zu rücken, wenn in ihnen Judenstereotype nachgewiesen werden können. Für die Forschung ist jedoch nicht die unstrittige Existenz der Stereotype, sondern ihre diskursive Funktion von Bedeutung, so etwa in Konflikten zwischen Parteiflügeln und in der Abgrenzung gegenüber politischen Gegnern.[26] Die Verwendung negativer Judenstereotype in entsprechenden Kommunikationssituationen begreift Fischer häufig nur als Ausfluss einer diffusen judenfeindlichen Mentalität, während er Sprachabsicht und Sprachhandlung der Akteure nicht angemessen berücksichtigt. Diese Vorgehensweise erweist sich als fatal für den heuristischen Wert der Studie, denn sie entbindet den Autor von der Frage nach den Ursachen für das problematische Verhalten vieler Sozialdemokraten gegenüber Judentum und Antisemitismus. Fischer begnügt sich damit, eine Anleihe bei Daniel Goldhagen zu machen, indem er behauptet, in Deutschland habe sich im 19. Jahrhundert ein antisemitischer Gesellschaftskonsens herausgebildet. Wenn die deutsche Gesellschaft antisemitisch war, dann müssen es auch die deutschen Sozialdemokraten gewesen sein. Akzeptiert man diese pseudomentalitätsgeschichtliche Logik, erübrigt sich jedes weitere historische Erklären. Nun sind aber Goldhagens Befunde – gerade was das 19. Jahrhundert betrifft – auf breite Ablehnung in der historischen Antisemitismusforschung gestoßen. Zudem haben Sozialgeschichte und deutsch- jüdische Geschichte nachgewiesen, dass von einer gesellschaftlichen Isolation der Juden und einem omnipräsenten Alltagsantisemitismus vor

---

[24] Vgl. Fischer, The Socialist Response, S. 213-228.
[25] Vgl. Ebd., S. xii.
[26] Eesser: Thomas Haury, Antisemitismus von links. Kommunistische Ideologie, Nationalismus und Antizionismus in der frühen DDR, Hamburg 2002, S. 25-159, 183-209; Braukmann, Die "jüdische Frage" in der sozialistischen Frauenbewegung, S. 212-215, 280-285.

der nationalsozialistischen Machtergreifung nicht sinnvoll gesprochen werden kann.[27] Lässt man die Goldhagen- These außen vor, bleibt von Fischers Arbeit nicht viel mehr als die moralische Anklage. Und selbst die macht er ungewollt zunichte, indem er die Ursachenforschung von der Parteigeschichte in die deutsche Gesellschaftsgeschichte verschiebt.

Während die Stellung der SPD zu Judentum und Antisemitismus bereits seit den 1950er Jahren immer wieder Historiker umgetrieben hat, steckt dieselbe Fragestellung mit Blick auf den bürgerlichen Liberalismus noch in der Grundlagenforschung. Mit ihrer theologischen Dissertation liefert Auguste Zeiß- Horbach die erste umfangreiche Gesamtdarstellung zur Geschichte des Vereins zur Abwehr des Antisemitismus (VAA) und füllt damit eine eklatante Lücke in der Antisemitismusforschung und der deutsch- jüdischen Geschichte. Die Forschungsleistung der Autorin ist umso bemerkenswerter als die Quellenlage zu diesem Thema recht schwierig ist. Das Vereinsarchiv fiel 1933 in die Hände der Gestapo und ist seitdem verschollen. Die Ortsgruppen haben, wohl aufgrund organisatorischer Defizite, nur wenige Dokumente ihrer Tätigkeit hinterlassen. So stützt sich Zeiß- Horbach vor allem auf den Nachlass des langjährigen Vorsitzenden Georg Gothein (1857- 1940), private Korrespondenz der Mitglieder, Zeitungen, Polizeiakten und Personalakten staatlicher und kirchlicher Behörden. Obwohl die Autorin zugesteht, dass aufgrund der Quellenlage manche Details ungeklärt bleiben müssen, gelingt ihr ein aufschlussreicher Überblick über die Vereinsgeschichte und über die Werthaltungen seiner prominenten Mitglieder. Von besonderer Relevanz sind die ausführlichen Kapitel zu den Werthaltungen[28], da sie einen wichtigen Beitrag zu aktuellen Forschungstendenzen liefern. So haben Antisemitismusforschung und deutsch- jüdische Geschichte in den letzten Jahren immer deutlicher herausgearbeitet, dass positive wie negative Haltungen gegenüber Juden auch im Zeitalter der Säkularisierung ganz entscheidend durch konfessionelle Milieus bestimmt wurden.

Im Verein zur Abwehr des Antisemitismus (VAA) fanden 1890/91 christliche und jüdische Honoratioren zusammen, um dem Antisemitismus mit Aufklärungskampagnen zu begegnen. Zu diesem Zweck trug man in den wöchentlich erscheinenden *Mitteilungen* und dem Handbuch *Antisemiten- Spiegel* (1891-92, 1900, 1911) Material zur Diskreditierung

---

[27] Vgl. Till van Rahden, Juden und andere Breslauer. Die Beziehungen zwischen Juden, Protestanten und Katholiken in einer deutschen Großstadt 1860- 1925, Göttingen 2000; Ulrich Baumann, Zerstörte Nachbarschaften. Christen und Juden in badischen Landgemeinden 1862- 1940, Hamburg 2000.
[28] Vgl. Zeiß- Horbach, Verein zur Abwehr des Antisemitismus, S. 179-423.

antisemitischer Agitatoren und zur Widerlegung judenfeindlicher Vorurteile zusammen. Außerdem erließ der VAA Wahlaufrufe gegen antisemitische Parteien und unterstützte parlamentarische Initiativen gegen die Diskriminierung von Juden in Staatsdienst und Militär. Mit Ausnahme einzelner Aktivitäten in der Provinz, die sich z.b. gegen die Böckel-Bewegung in Hessen und Ritualmordgerüchte im Rheinland richteten, blieb der Abwehrverein in den Bahnen der Honoratiorenpolitik. Sein Ziel war nicht die direkte Konfrontation mit den Antisemiten, sondern die indirekte Beeinflussung der Öffentlichkeit über die Presse, die Parlamente und die wissenschaftliche Autorität von Fachgelehrten. Gesellschaftliche Mehrheiten konnte der VAA auf diese Weise nicht organisieren. Seine Mitgliedschaft setzte sich ganz überwiegend aus Bildungs- und Besitzbürgertum, protestantischen Geistlichen und Politikern liberaler Parteien zusammen. Dementsprechend waren die im VAA dominanten Werthaltungen, trotz einer hohen Zahl engagierter jüdischer Mitglieder, durch und durch kulturprotestantisch geprägt. Der Abwehrverein lehnte Philosemitismus, Zionismus und anfänglich jede Form jüdischer Selbstorganisation als illegitimen Partikularismus ab. Es sollte nur um die Rechte der Juden als Staatsbürger und ihre ungehinderte Assimilation gehen, nicht hingegen um die Identität der Juden als ethnisch-religiöse Gemeinschaft. Diese Haltung manövrierte den Verein in ein unlösbares Dilemma. Während die Antisemiten den VAA dennoch als "Judenschutztruppe" diffamierten, empfanden ihn die Juden nicht als Vertreter ihrer Interessen und schufen sich mit dem Centralverein (C.V.) bereits 1893 eine eigene Abwehrorganisation. Daher ist Zeiß- Horbach im Recht, wenn sie das letztendliche Scheitern des VAA nicht ausschließlich an äußeren Umständen wie dem Aufstieg des Nationalsozialismus festmacht, sondern auf drei "hausgemachte" Schwächen hinweist:

Erstens verblieb der Verein von seiner Gründung bis zu seiner Selbstauflösung im Juli 1933 in den Bahnen der Honoratiorenpolitik des 19. Jahrhunderts. Man wollte nicht politisch mobilisieren, sondern objektive Aufklärungsarbeit leisten und setzte allein auf die Autorität von Bildung, Wissenschaft und Moral. Angesichts der zunehmenden Bedeutung massenmedialer und massendemokratischer Strukturen im politischen Feld, konnte die Tätigkeit des Vereins daher nur einen sehr begrenzten Einfluss auf die öffentliche Meinungsbildung ausüben.

Zweitens rekrutierte der VAA seine Mitglieder fast ausschließlich aus dem linksliberalen, kulturprotestantischen Bürgertum. Obwohl in der Weimarer Republik vereinzelt Katholiken und Sozialdemokraten beitraten, konnte er seine soziale, konfessionelle und politische Basis nicht entscheidend erweitern. Zwar befanden sich unter den selbsternannten Verteidigern der jüdischen Minderheit durchaus prominente Geistesgrößen (z.B. Theodor Mommsen, Heinrich Rickert, Theodor Bardt, Gustav Freytag, Otto Baumgarten), sie gehörten sozialgeschichtlich betrachtet allerdings selbst einem Minderheitsmilieu an. Zusätzlich erschwerte der Niedergang des politischen Liberalismus seit dem "Gründerkrach" die Lage, worauf die Autorin leider nicht eingeht.

Drittens waren sich die Mitglieder und Anhänger des VAA zwar in der Abwehr des Antisemitismus einig, taten sich aber schwer damit, dem Judentum eine eigenständige Rolle in der deutschen Gesellschaft zuzubilligen. Dies macht Zeiß- Horbach an den Haltungen von Pfarrern und Theologen deutlich, die in der Weimarer Republik zum wichtigsten Träger der Arbeit des VAA geworden waren. Die Maßstäbe ihres Denkens und Handelns in der "Judenfrage" entnahmen sie aus kulturprotestantischen Wertvorstellungen. So ging es ihnen um die Bewahrung der deutschen Nation vor der Kulturschande des Antisemitismus, die ungestörte Assimilation der Juden an die protestantische "Leitkultur", die ethische Notwendigkeit des Minderheitenschutzes durch das Gebot der Nächsten- und Feindesliebe, die heilsgeschichtliche Bedeutung der Juden für das Christentum oder die Verteidigung des Alten Testaments gegen die völkische Theologie. Selbst wenn diese Werthaltungen im Ergebnis zur Verteidigung der Juden gegen antisemitische Angriffe führten, offenbaren sie eine vorurteilsbehaftete und theologisch verzerrte Wahrnehmung der ethnisch- religiösen Realexistenz des deutschen Judentums.

Die mangelnde Fähigkeit des VAA, kulturellen und religiösen Pluralismus zu akzeptieren, führt Zeiß- Horbach auf die "kulturelle Hegemonie" des Nationalismus zurück, der traditionell eng mit dem Protestantismus verbunden war. Diese These kann nicht überzeugen, weil sie den Inhaltswandel des deutschen Nationalismus zwischen Reichgründung und Machtergreifung nicht berücksichtigt. Insgesamt liefert die Autorin aber eine ausgewogene Würdigung der Vereinstätigkeit und vermeidet eine einseitige Kritik des Kulturprotestantismus wie sie bei Ismar Schorsch, Wolfgang Altgeld und Uffa Jensen zu finden ist.[29] Sie schließt sich eher Kurt Nowak und Wolfgang Heinrichs an, die im Kulturprotestantismus eine Vielfalt positiver und negativer Judenbilder ausgemacht haben.[30] Dies führte bei Einzelnen immerhin zur Bereitschaft, sich für die staatsbürgerlichen Rechte

---

[29] Vgl. Schorsch, Jewish Reactions; Wolfgang Altgeld, Katholizismus, Protestantismus, Judentum. Über religiös begründete Gegensätze und nationalreligiöse Ideen in der Geschichte des deutschen Nationalismus, Mainz 1992; Uffa Jensen, Getrennt streiten - getrennt leben? Der doppelte Streit um Heinrich von Treitschkes Antisemitismus unter gebildeten Bürgern (1879- 1881), in: Werkstatt Geschichte 13 (2004), S. 5-27.

[30] Vgl. Kurt Nowak, Protestantismus und Antisemitismus in der Weimarer Republik, Frankfurt a.M. 1994; Wolfgang E. Heinrichs, Das Judenbild im Protestantismus des deutschen Kaiserreichs. Ein Beitrag zur Mentalitätsgeschichte des deutschen Bürgertums in der Krise der Moderne, Köln 2000.

der Juden stark zu machen, während sich Katholiken und konservative Protestanten für antisemitisches Gedankengut höchst anfällig zeigten.

Der differenzierte Blick auf die Geschichte des Abwehrvereins unter besonderer Berücksichtigung der kulturprotestantischen Perspektive auf das Judentum enthält auch eine implizite Botschaft für die Gegenwart. Zeiß- Horbach spricht sie allerdings nicht offen aus, möglicherweise weil sie für das Judentumsverständnis der Kirchen recht heikel ist. Die Ächtung des Antisemitismus aus ethischen und religiösen Motiven führt nicht automatisch zu einem besseren Verständnis zwischen Christen und Juden. Dazu wäre es wichtig, von christlicher Seite das Judentum nicht länger als theologische Projektionsfläche zu verwenden, sondern es in seinem Eigenrecht als Weltreligion anzuerkennen. Nur so kann aus dem viel beschworenen christlich- jüdischen Dialog mehr werden als ein christlicher Monolog über die Juden.

Entgegen der Behauptung der Antisemiten hatte die Abwehr des Antisemitismus durch mehrheitlich nichtjüdische Organisationen in der Regel wenig mit Philosemitismus zu tun. Dass sich Liberalismus und Sozialdemokratie gegen den Antisemitismus stellten, ergab sich selten aus Solidarität mit den Juden, entscheidend war vielmehr die Verortung in einem anderen politischen Lager. Nicht nur der Antisemitismus, sondern auch der Anti-Antisemitismus funktionierte als ein "kultureller Code" (Shulamit Volkov). Er signalisierte Offenheit für Emanzipation und Moderne, beinhaltete aber nicht zwingend ein Verständnis für jüdische Belange. Viele Anti- Antisemiten zeichneten ein ideologisch verzerrtes Judenbild oder teilten einige (aber niemals alle!) judenfeindliche Stereotype ihrer Gegner. Lars Fischers These, dass sich dies aus einem antisemitischen Gesellschaftskonsens ergab, führt allerdings in die Irre, weil sie wichtige Ergebnisse von Sozialgeschichte und deutsch- jüdischer Geschichte ignoriert und historisches Erklären durch nachträgliches Moralisieren ersetzt. Judenfeindliche Stereotype auf der linken Seite des politischen Spektrums waren keine Anbiederung an einen vermeintlich gesamtgesellschaftlichen Antisemitismus, sondern folgten einer eigenen Tradition – bei der SPD dem Primat des Antikapitalismus und bei den Liberalen dem Überlegenheitsanspruch des Kulturprotestantismus.

Literatur

Braukmann, Stefanie, Die "jüdische Frage" in der sozialistischen Frauenbewegung 1890-1914, Frankfurt a.M. 2007.

Brenner, Michael, "Gott schütze uns vor unseren Freunden". Zur Ambivalenz des Philosemitismus im Kaiserreich, in: JfA 2 (1993), S. 174-199.

Fischer, Lars, The Socialist Response to Antisemitism in Imperial Germany, Cambridge 2007.

Haury, Thomas, Antisemitismus von links. Kommunistische Ideologie, Nationalismus und Antizionismus in der frühen DDR, Hamburg 2002.

Heinrichs, Wolfgang E., Das Judenbild im Protestantismus des deutschen Kaiserreichs. Ein Beitrag zur Mentalitätsgeschichte des deutschen Bürgertums in der Krise der Moderne, Köln 2000.

Leuschen- Seppel, Rosemarie, Sozialdemokratie und Antisemitismus im Kaiserreich. Die Auseinandersetzungen der Partei mit den konservativen und völkischen Strömungen des Antisemitismus 1871- 1914, Bonn 1978.

Nowak, Kurt, Protestantismus und Antisemitismus in der Weimarer Republik, Frankfurt a.M. 1994.

Silberner, Edmund, Sozialisten zur Judenfrage. Ein Beitrag zur Geschichte des Sozialismus vom Anfang des 19. Jahrhunderts bis 1914, Berlin 1962.

Wistrich, Robert, Socialism and the Jews. The Dilemmas of Assimilation in Germany and Austria- Hungary, London 1982.

Zeiß- Horbach, Auguste, Der Verein zur Abwehr des Antisemitismus. Zum Verhältnis von Protestantismus und Judentum im Kaiserreich und in der Weimarer Republik, Leipzig 2008.